AF277306

Todos los libros de Linkgua Ediciones cuentan con modelos de Inteligencia Artificial entrenados por hispanistas. Pregúntale al chat de tu libro lo que desees acerca de la obra o su autor/a.

Para ebooks: Accede a nuestro modelo de IA a través de un enlace.

Para libros impresos: Escanea el código QR de la portada con tu dispositivo móvil.

Obtén análisis detallados de nuestros libros, resúmenes, respuestas a tus preguntas y accede a nuestras ediciones críticas generativas para una experiencia de lectura más enriquecedora.
La transparencia y el respeto hacia la autoría de las fuentes utilizadas son distintivos básicos de nuestro proyecto. Por ello, las respuestas ofrecen, mediante un sistema de citas, las fuentes con las que han sido elaboradas.

Autores varios

Poemas mitológicos guaraníes

Edición de León Cadogan

Barcelona 2025
Linkgua-edicion.com

Créditos

Título original: Poemas mitológicos guaraníes.

© 2025, Red ediciones S.L.
Traducción: León Cadogan

e-mail: info@linkgua.com

Diseño de cubierta: Michel Mallard

ISBN rústica ilustrada: 978-84-1126-826-4.
tapa dura: 978-84-9007-036-9.
ISBN ebook: 978-84-9897-623-6.

Sumario

Poesía mitológica guaraní

Esta antología realizada por León Cadogan recoge textos poéticos de la cosmogonía tradicional de los indios mbyá, pertenecientes a la denominación general de guaraníes compilados y traducidos por León Cadogan. El guaraní es asimismo una lengua hablada en Paraguay, Argentina y Brasil.

Este volumen es una parte de *Literatura guaraní del Paraguay*, también publicado por nosotros con las notas y presentaciones de Cadogan.

León Cadogan

León Cadogan (Asunción el 29 de julio de 1899). Paraguay.

Hijo de John Cadogan y Rose Stone, australianos llegados al Paraguay a fines del siglo XIX.

En 1804 un incendio de la casa familiar obligó a la familia a asentarse en Villarrica. En la Escuela Alemana de esa ciudad, León, que dominaba el inglés y el guaraní, aprendió el alemán.

A los dieciocho años consiguió empleo como secretario en el frigorífico de la compañía Swift de Zeballos Cue. Su voluntad de superación hizo que la amistad con el francés Emile Lelieur le sirviese para aprender francés, leer autores clásicos, y estudiar matemática elemental y logaritmos.

En 1919 estuvo en Buenos Aires y dos años más tarde en el interior de las selvas de Caaguazú, cultivando yerba mate. Por entonces conoció a los indígenas mbyá, León Cadogan fue el primer blanco en contacto directo con esta etnia, lo que le permitió traducir y publicar textos guaraníes.

Ayvú Rapytá

(Textos míticos de los Mbyá-Guaraní del Guairá)

La presente recopilación es una transcripción literal de dictados hechos por los mismos Indios, habiendo sido elegido para el efecto aquellos dirigentes que mi experiencia indicaba como los más idóneos y dignos de confianza.

El consignarlos al papel ha sido posible mediante la colaboración de Mayor Francisco, de Tava'i, y de Cirilo de Yvytuko, quienes han repetido las palabras de los dirigentes, aportando explicaciones sobre el significado de las palabras y frases que me eran desconocidas. Los verdaderos autores del trabajo son: el Cacique Pablo Vera, de Yro'ysá, Potrero Blanco, Colonia Independencia (cerca de Paso Jovái); Kachirito, de Paso Jovái, Obrajes Naville; Cacique Che'iro, del Alto Monday (Obrajes Fassardi); Mayor Francisco (Chico'i), de Tava'i, y un soldado suyo cuyo nombre no recuerdo; Tomás y Cirilo de Yvytuko, Potrero Gárcete, Colonia Mauricio José Troche; Higinio y Mario Higinio; y otros cuyos nombres figuran en el texto. Higinio, según supe, fue ajusticiado no hace mucho por homicidio; el Cacique Che'iro murió de leishmaniasis; todos los demás viven al escribir estas líneas.

León Cadogan

1. Las primitivas costumbres del colibrí

El Creador, Ñande Ru, se crea a sí mismo en medio de las tinieblas originarias. Surge entre ellas con la vara-insignia de su poder y el reflejo de su corazón que todo lo ilumina. El Colibrí, extraño personaje del poema, parece ser la representación del Creador mismo que se autosustenta. En otros poemas aparece claramente el Colibrí como el propio Ñande Ru. La imagen de la creación retorna cíclicamente sobre la tierra con el curso de las estaciones.

I

Nuestro Primer Padre, el Absoluto,
surgió en medio de las tinieblas primigenias.

II

Las divinas plantas de los pies,
el pequeño asiento redondo,
en medio de las tinieblas primigenias lo creó,
en el curso de su evolución.

III

El reflejo de la divina sabiduría (órgano de la vista),
el divino oye-lo-todo (órgano del oído),
las divinas palmas de la mano con la vara insignia,
las divinas palmas de las manos con las ramas floridas (dedos
y uñas),
las creó Ñamandui en el curso de la evolución,
en medio de las tinieblas primigenias.

IV

De la divina coronilla excelsa las flores del adorno de plumas eran gotas de rocío.

Por entre medio de las flores del divino adorno de plumas el pájaro primigenio, el Colibrí, volaba revoloteando.

V

Mientras nuestro Primer Padre creaba en el curso de su evolución su cuerpo divino,
existía en medio de los vientos primigenios;
antes de haber concebido su futura morada terrenal,
antes de haber concebido su futuro firmamento,
su futura tierra que originariamente surgieron,
el Colibrí le refrescaba la boca;
el que sustentaba a Ñamandui con productos del paraíso era
el Colibrí.

VI

Nuestro Padre Ñamandu, el Primero, antes de haber creado
su futuro paraíso,
en el curso de su evolución,
Él no vio tinieblas:
aunque el Sol aún no existiera,
Él existía iluminado por el reflejo de su propio corazón;
hacía que le sirviese de Sol la sabiduría contenida dentro de
su propia divinidad.

VII

El verdadero Padre Ñamandu, el Primero,
existía en medio de los vientos originarios,
en donde paraba a descansar la Lechuza producía tinieblas;
ya hacía que tuviese presciencia del lecho de las tinieblas (de
la noche).

VIII

Antes de haber el verdadero Padre Ñamandu, el Primero,
creado en el curso de su evolución su futuro paraíso;
antes de haber creado la primera tierra,
Él existía en medio de los vientos originarios.
El viento originario en que existió nuestro Padre se vuelve a
alcanzar cada vez que se alcanza el tiempo-espacio originario
cada vez que se llega al resurgimiento del tiempo-espacio pri-
mitivo.
En cuanto termina la época primitiva, durante el florecimien-
to del Lapacho,
los vientos se mudan al tiempo-espacio nuevo:
ya surgen los vientos nuevos, el espacio nuevo;
se produce la resurrección del tiempo-espacio.

2. El fundamento del lenguaje humano

El Creador, utilizando su vara-insignia, de la que hizo brotar llamas y tenue neblina, creó el lenguaje. Este lenguaje, futura esencia del alma enviada a los hombres, participa de su divinidad. Crea después el amor y los himnos sagrados. Para formar un ser en el cual depositar el lenguaje, la divinidad, el amor y los cantos sagrados, crea a los cuatro dioses que no tienen ombligo y a sus respectivas consortes, que en el futuro enviarán a la tierra el alma de los hombres.

I

El verdadero Padre Ñamandu, el Primero,
de una pequeña porción de su propia divinidad,
de la sabiduría contenida en su propia divinidad,
y en virtud de su sabiduría creadora
hizo que se engendrasen llamas y tenue neblina.

II

Habiéndose erguido (asumido la forma humana),
de la sabiduría contenida en su propia divinidad,
y en virtud de su sabiduría creadora,
concibió el origen del lenguaje humano.
De la sabiduría contenida en su propia divinidad,
y en virtud de su sabiduría creadora
creó nuestro Padre el fundamento del lenguaje humano
e hizo que formara parte de su propia divinidad.
Antes de existir la tierra,
en medio de las tinieblas primigenias,
antes de tenerse conocimiento de las cosas,
creó aquello que sería el fundamento del lenguaje humano
e hizo el verdadero Primer Padre Ñamandu
que formara parte de su propia divinidad.

III

Habiendo concebido el origen del futuro lenguaje humano,
de la sabiduría contenida en su Propia divinidad,
y en virtud de su sabiduría creadora,
concibió el fundamento del amor.
Antes de existir la tierra,
en medio de las tinieblas primigenias,
antes de tenerse conocimiento de las cosas,
y en virtud de su sabiduría creadora,
concibió el origen del amor.

IV

Habiendo creado el fundamento del lenguaje humano,
habiendo creado una pequeña porción de amor,
de la sabiduría contenida en su propia divinidad,
y en virtud de su sabiduría creadora
el origen de un solo himno sagrado lo creó en su soledad.
Antes de existir la tierra,
en medio de las tinieblas originarias,
antes de conocerse las cosas,
creó en su soledad (para sí mismo) el origen de un himno
sagrado.

V

Habiendo creado, en su soledad, el fundamento del lenguaje humano;
habiendo creado, en su soledad, una pequeña porción de amor;
habiendo creado, en su soledad, un corto himno sagrado,
reflexionó profundamente sobre a quién hacer partícipe del fundamento del lenguaje humano;
sobre a quién hacer partícipe del pequeño amor;
sobre a quién hacer partícipe de las series de palabras que componían el himno sagrado.
Habiendo reflexionado profundamente,
de la sabiduría contenida en su propia divinidad,
y en virtud de su sabiduría creadora,
creó a quienes serían compañeros de su divinidad.

VI

Habiendo reflexionado profundamente,
de la sabiduría contenida en su propia divinidad,
y en virtud de su sabiduría creadora,
creó a los Ñamandu de corazón valeroso.
Los creó simultáneamente con el reflejo de su sabiduría (el Sol).
Antes de existir la tierra,
en medio de las tinieblas originarias,
creó al Ñamandu de corazón grande.
Para padre de sus futuros numerosos hijos,
para verdadero padre de las almas de sus futuros numerosos hijos,
creó al Ñamandu de corazón grande.

VII

A continuación,
de la sabiduría contenida en su propia divinidad,
y en virtud de su sabiduría creadora,
al verdadero padre de los futuros Karaí,
al verdadero padre de los futuros Jakaira,
al verdadero padre de los futuros Tupá
les impartió conciencia de la divinidad.
Para verdaderos padres de sus futuros numerosos hijos,
para verdaderos padres de las palabras-almas de sus futuros
numerosos hijos,
les impartió conciencia de la divinidad.

VIII

A continuación,
el verdadero Padre Ñamandu,
para situarse frente a su corazón,
hizo conocedora de la divinidad
a la futura verdadera madre de los Ñamandu.
Karaí Ru Ete hizo conocedora de la divinidad
a quien se situaría frente a su corazón,
a la futura verdadera madre de los Karaí.
Jakaira Ru Ete, de la misma manera,
para situarse frente a su corazón,
hizo conocedora de la divinidad
a la verdadera madre Jakaira.
Tupá Ru Ete, de la misma manera
a la que situaría frente a su corazón,
hizo conocedora de la divinidad
a la verdadera futura madre de los Tupá.

IX

Por haber ellos asimilado la sabiduría divina
de su propio Primer Padre;
después de haber asimilado el lenguaje humano;
después de haberse inspirado en el amor;
después de haber asimilado las series de palabras del himno
sagrado;
después de haberse inspirado en los fundamentos de la sabiduría creadora,
a ellos también llamamos excelsos verdaderos padres de las
palabras-almas;
excelsas verdaderas madres de las palabras-almas.[1]

---

1   Para interpretar correctamente el contenido de estos versos que cons-
tituyen, a mi parecer, el capítulo más importante de la religión mbyá-
guaraní, es indispensable tener presente que ayvu = lenguaje humano; ñé'eng = palabra; y e = decir, encierran el, para nosotros, doble
concepto de: expresar ideas —porción divina del alma. Fue esta si-
nonimia la que me impulsó a estudiar a fondo la religión de los Je-
guakáva, y a ello se debe esta obra, fruto de más de seis años recopi-
lando sus himnos, plegarias, mitos y tradiciones. (N. del L. C.)

3. La primera tierra

Ñande Ru crea la primera tierra, sustentándola con cuatro columnas, varas-insignias, que aseguran su estabilidad. A esta primera tierra original envía a los hombres y a la víbora, a la pequeña cigarra roja, el coleóptero girínido y-amaí, a la perdiz grande y al armadillo. Al destruirse la primera tierra, los hombres virtuosos se elevaron al cielo, donde conservaron su figura; los transgresores de la ley divina subieron también, pero transformados en seres irracionales. Los animales que ahora viven sobre la tierra no son sino imágenes de los prototipos celestiales, esto es, de los hombres transformados en animales y de los animales mencionados, que desde su origen tuvieron la forma actual.

El Creador, antes de retirarse nuevamente a las tinieblas, encomendó a los grandes dioses creados y no engendrados el cuidado de la tierra. A Karaí, dios del fuego, encargó el crepitar de llamas, los truenos que se escuchan en el oriente, principalmente en la Primavera, y que inspiran fervor a los hombres. Este dios y su consorte serán los que envíen las almas de hombres y mujeres que llevarán el nombre sagrado de «Señores dueños de las llamas». A Jakaira confirió el mando de la neblina vivificante, para que hombres y mujeres enviados por él y su consorte sean los «Dueños de la neblina», que otorga sabiduría y poder para conjurar maleficios. A Tupá, dios de las aguas, y a su esposa encargó la lluvia y el granizo que darán templanza y moderación a sus hijos.

Después de esto inspiró a los verdaderos padres de las palabras-almas el himno sagrado para que lo enviaran a la tierra.

A ellos, para que formaran a los hombres; a ellas, para que dieran vida a las mujeres.

I

El verdadero Padre Ñamandu, el Primero,
habiendo concebido su futura morada terrenal,
de la sabiduría contenida en su propia divinidad,
y en virtud de su sabiduría creadora,
hizo que en la extremidad de su vara fuera engendrándose
la tierra.
Creó una palmera eterna en el futuro centro de la tierra;
creó otra en la morada de Karaí (Oriente);
creó una palmera eterna en la morada de Tupá (Poniente);
en el origen de los vientos buenos (N. y N. E.) creó una palmera eterna;
en los orígenes del tiempo espacio primigenio (S.) creó una palmera eterna;
cinco palmeras eternas creó;
a las palmeras eternas está asegurada la morada terrenal.

II

Existen siete paraísos;
el firmamento descansa sobre cuatro columnas;
sus columnas son varas insignias.
Al firmamento que se extiende con vientos
lo empujó nuestro Padre, enviándolo a su lugar.
Habiéndole colocado primeramente tres columnas al paraíso, éste se movía aún; por este motivo le colocó cuatro columnas de varas-insignias; solo después de esto estuvo en su
debido lugar, y ya no se movía más.

Libros a la carta

A la carta es un servicio especializado para
empresas,
librerías,
bibliotecas,
editoriales
y centros de enseñanza;
y permite confeccionar libros que, por su formato y con-
cepción, sirven a los propósitos más específicos de estas ins-
tituciones.

Las empresas nos encargan ediciones personalizadas para
marketing editorial o para regalos institucionales. Y los in-
teresados solicitan, a título personal, ediciones antiguas, o
no disponibles en el mercado; y las acompañan con notas y
comentarios críticos.

Las ediciones tienen como apoyo un libro de estilo con
todo tipo de referencias sobre los criterios de tratamiento ti-
pográfico aplicados a nuestros libros que puede ser consulta-
do en Linkgua-edicion.com .

Linkgua edita por encargo diferentes versiones de una
misma obra con distintos tratamientos ortotipográficos (ac-
tualizaciones de carácter divulgativo de un clásico, o versiones estrictamente fieles a la edición original de referencia).

Este servicio de ediciones a la carta le permitirá, si usted
se dedica a la enseñanza, tener una forma de hacer pública
su interpretación de un texto y, sobre una versión digitaliza-
da «base», usted podrá introducir interpretaciones del texto
fuente. Es un tópico que los profesores denuncien en clase
los desmanes de una edición, o vayan comentando errores de
interpretación de un texto y esta es una solución útil a esa
necesidad del mundo académico.

Asimismo publicamos de manera sistemática, en un mismo catálogo, tesis doctorales y actas de congresos académicos, que son distribuidas a través de nuestra Web.

El servicio de «Libros a la carta» funciona de dos formas.

1. Tenemos un fondo de libros digitalizados que usted puede personalizar en tiradas de al menos cinco ejemplares. Estas personalizaciones pueden ser de todo tipo: añadir notas de clase para uso de un grupo de estudiantes, introducir logos corporativos para uso con fines de marketing empresarial, etc. etc.

2. Buscamos libros descatalogados de otras editoriales y los reeditamos en tiradas cortas a petición de un cliente.

Printed in Poland
by Amazon Fulfillment
Poland Sp. z o.o., Wrocław

69305504R00037